NICOLÒ MACHIAVELLI

MANDRAGOLA

Classici Supereconomici

PERSONAGGI

Callimaco
Siro
Messer Nicia
Ligurio
Sostrata
Frate Timoteo
Una donna
Lucrezia

Canzone

da dirsi innanzi alla commedia,
cantata da ninfe e pastori insieme

Perché la vita è brieve
e molte son le pene
che vivendo e stentando ognun sostiene;

dietro alle nostre voglie,
andiam passando e consumando gli anni,
ché chi il piacer si toglie
per viver con angosce e con affanni,
non conosce gli inganni
del mondo; o da quai mali
e da che strani casi
oppressi quasi sian tutti i mortali.

Per fuggir questa noia,
eletta solitaria vita abbiamo,
e sempre in festa e in gioia

giovin leggiadri e liete Ninfe stiamo.
Or qui venuti siamo
con la nostra armonia,
sol per onorar questa
sí lieta festa e dolce compagnia.

Ancor ci ha qui condutti
il nome di colui che vi governa,
in cui si veggon tutti
i beni accolti in la sembianza eterna
Per tal grazia superna,
per sí felice stato,
potete lieti stare,
godere e ringraziare chi ve lo ha dato.

PROLOGO

Iddio vi salvi, benigni uditori,
quando e' par che dependa
questa benignità da lo esser grato.
Se voi seguite di non far romori,
noi vogliàn che s'intenda
un nuovo caso in questa terra nato.
Vedete l'apparato,
qual or vi si dimostra:
quest'è Firenze vostra,
un'altra volta sarà Roma o Pisa,
cosa da smascellarsi delle risa.

Quello uscio, che mi è qui in sulla man ritta,
la casa è d'un dottore,

che 'mparò in sul Buezio legge assai;
quella via, che è colà in quel canto fitta,
è la via dello Amore,
dove chi casca non si rizza mai;
conoscer poi potrai
a l'abito d'un frate
qual priore o abate
abita el tempio che all'incontro è posto,
se di qui non ti parti troppo tosto.

Un giovane, Callimaco Guadagni,
venuto or da Parigi,
abita là, in quella sinistra porta.
Costui, fra tutti gli altri buon compagno,
a' segni ed a' vestigi
l'onor di gentilezza e pregio porta.
Una giovane accorta
fu da lui molto amata,
e per questo ingannata
fu, come intenderete, ed io vorrei
che voi fussi ingannate come lei.

La favola *Mandragola* si chiama:
la cagion voi vedrete
nel recitarla, come io m'indovino.
Non è el componitor di molta fama;
pur, se vo' non ridete,
egli è contento di pagarvi il vino.
Uno amante meschino,
un dottor poco astuto,
un frate mal vissuto,
un parassito, di malizia el cucco,
fien questo giorno el vostro badalucco.

E, se questa materia non è degna,
per esser pur leggieri, .
d'un uom, che voglia parer saggio e grave,
scusatelo con questo, che s'ingegna
con questi van pensieri
fare el suo tristo tempo più suave,
perch'altrove non have
dove voltare el viso,
ché gli è stato interciso
mostrar con altre imprese altra virtue,
non sendo premio alle fatiche sue.

El premio che si spera è che ciascuno
si sta da canto e ghigna,
dicendo mal di ciò che vede o sente.
Di qui depende, sanza dubbio alcuno,
che per tutto traligna
da l'antica virtú el secol presente,
imperò che la gente,
vedendo ch'ognun biasma,
non s'affatica e spasma,
per far con mille suoi disagi un'opra,
che 'l vento guasti o la nebbia ricuopra.

Pur, se credessi alcun, dicendo male,
tenerlo pe' capegli,
e sbigottirlo o ritirarlo in parte,
io l'ammonisco, e dico a questo tale
che sa dir male anch'egli,
e come questa fu la sua prim'arte,
e come, in ogni parte
del mondo ove el sí sona,
non istima persona
ancor che facci el sergieri a colui,

che può portar miglior mantel che lui.

Ma lasciàn pur dir male a chiunque vuole.
Torniamo al caso nostro
acciò che non trapassi troppo l'ora.
Far conto non si de' delle parole,
né stimar qualche mostro,
che non sa forse s' e' si è vivo ancora.
Callimaco esce fuora
e Siro con seco ha,
suo famiglio, e dirà
l'ordin di tutto. Stia ciascuno attento,
né per ora aspettate altro argumento.

ATTO PRIMO

SCENA PRIMA

Callimaco, Siro.

CALLIMACO Siro, non ti partire, i' ti voglio un poco.

SIRO Eccomi.

CALLIMACO Io credo che tu ti maravigliassi assai della mia subita partita da Parigi; ed ora ti maravigli, sendo io stato qui già un mese sanza fare alcuna cosa.

SIRO Voi dite el vero.

CALLIMACO Se io non ti ho detto infino a qui quello che io ti dirò, non è stato per non mi fidare di te, ma per iudicare, che le cose che l'uomo vuole non si sappino, sia bene non le dire, se non forzato. Pertanto, pensando io di potere avere bisogno della opera tua, ti voglio dire el tutto.

SIRO Io vi sono servitore: e servi non debbono mai domandare e padroni d'alcuna cosa, né cercare alcuno loro fatto, ma quando per loro medesimi le dicano, debbono servirgli con fede; e cosí ho fatto e sono per fare io.

CALLIMACO Già lo so. Io credo che tu mi abbi sentito dire mille volte, ma e' non importa che tu lo intenda mille una, come io avevo dieci anni quando da e mia tutori, sendo mio padre e mia madre morti, io fui mandato a Parigi, dove io sono stato venti anni. E perché in capo di dieci cominciorono, per la passata del re Carlo, le guerre in Italia, le quali ruinorono quella provincia, deliberai di vivermi a Parigi e non mi ripatriare mai, giudicando potere in quel luogo vivere piú sicuro che qui.

SIRO Egli è cosí.

CALLIMACO E commesso di qua che fussino venduti tutti e mia beni, fuora che la casa, mi ridussi a vivere quivi, dove sono stato dieci altr'anni con una felicità grandissima...

SIRO Io lo so.

CALLIMACO ...avendo compartito el tempo parte alli studii, parte a' piaceri, e parte alle faccende. Ed in modo mi travagliavo in ciascuna di queste cose, che l'una non mi impediva la via dell'altra. E per questo, come tu sai, vivevo quietissimamente, giovando a ciascuno, ed ingegnandomi di non offendere persona: tal che mi pareva essere grato a' borghesi, a' gentiluomini, al forestiero, al terrazzano, al povero ed al ricco.

SIRO Egli è la verità.

CALLIMACO Ma, parendo alla Fortuna che io avessi troppo bel tempo, fece che e' capitò a Parigi uno Cammillo Calfucci.

SIRO Io comincio a indovinarmi del male vostro.

CALLIMACO Costui, come gli altri fiorentini, era spesso convitato da me; e, nel ragionare insieme, accadde un giorno che noi venimmo in disputa dove erono piú belle donne, o in Italia o in Francia. E perché io non potevo ragionare delle italiane, sendo sí piccolo quando mi partii, alcuno altro fiorentino, che era presente, prese la parte franzese, e Cammillo la italiana; e, dopo molte ragione assegnate da ogni parte, disse Cammillo, quasi che irato, che, se tutte le donne italiane fussino monstri, che una sua parente era per riavere l'onore loro.

SIRO Io sono or chiaro di quello che voi volete dire.

CALLIMACO E nominò madonna Lucrezia, moglie di messer Nicia Calfucci: alla quale dette tante laude e di bellezza e di costumi, che fece restare stupidi qualunche di noi, ed in me destò tanto desiderio di vederla, che io, lasciato ogni altra deliberazione, né pensando piú alle guerre o alle pace d'Italia, mi messi a venire qui: dove arrivato, ho trovato la fama di madonna Lucrezia essere minore assai che la verità, il che occorre rarissime volte, e sommi acceso in tanto desiderio d'esser seco, che io non truovo loco.

SIRO Se voi me ne avessi parlato a Parigi, io saprei che consigliarvi; ma ora non so io che mi vi dire.

CALLIMACO Io non ti ho detto questo per voler tua consigli, ma per sfogarmi in parte, e perché tu prepari l'animo ad aiutarmi, dove el bisogno lo ricerchi.

SIRO A cotesto son io paratissimo; ma che speranza ci avete voi?

CALLIMACO Ahimè! Nessuna o poche. E dicoti: In prima mi fa la guerra la natura di lei, che è onestissima e al tutto aliena dalle cose d'amore; avere el marito ricchissimo, e che al tutto si lascia governare da lei, e, se non è giovane, non è al tutto vecchio, come pare; non avere parenti o vicini, con chi ella convenga ad alcuna vegghia o festa o ad alcuno altro piacere, di che si sogliono delettare le giovane Delle persone mecaniche non gliene capita a casa nessuna; non ha fante né famiglio, che non tremi di lei in modo che non ci è luogo ad alcuna corruzione.

SIRO Che pensate, adunque, di poter fare?

CALLIMACO E' non è mai alcuna cosa sí desperata, che non vi sia qualche via da poterne sperare; e benché la fussi debole e vana, e la voglia e il desiderio, che l'uomo ha di condurre la cosa, non la fa parere cosí.

SIRO Infine, e che vi fa sperare?

CALLIMACO Dua cose: l'una, la semplicità di messer Nicia, che, benché sia dottore, egli è el piú semplice ed e il più sciocco omo di Firenze; l'altra, la voglia che lui e lei hanno di avere figliuoli, che, sendo stata sei anni a marito e non avendo ancor fatti, ne hanno, sendo ricchissimi, un desiderio che muoiono. Una terza ci è, che la sua madre è suta buona compagna, ma la è ricca, tale che io non so come governarmene

SIRO Avete voi per questo tentato per ancora cosa alcuna?

CALLIMACO Sí ho, ma piccola cosa.

SIRO Come?

CALLIMACO Tu conosci Ligurio, che viene continuamente a mangiar meco. Costui fu già sensale di matrimoni, dipoi s'è dato a mendicare cene e desinari e perché gli è piacevole uomo, messer

Nicia tien con lui una stretta dimestichezza, e Ligurio l'uccella; e benché nol meni a mangiare seco, li presta alle volte danari. Io me lo son fatto amico, e gli ho comunicato el mio amore, lui m'ha promesso d'aiutarmi con le mane e co' piè.

SIRO Guardate e' non v'inganni: questi pappatori non sogliono avere molta fede.

CALLIMACO Egli è el vero. Nondimeno, quando una cosa fa per uno, si ha a credere, quando tu gliene communichi, che ti serva con fede. Io gli ho promesso, quando e' riesca, donarli buona somma di danari; quando non riesca, ne spicca un desinare ed una cena, ché ad ogni modo non mangerei solo.

SIRO Che ha egli promesso insino a qui, di fare?

CALLIMACO Ha promesso di persuadere a messer Nicia che vada con la sua donna al bagno in questo maggio.

SIRO Che è a voi cotesto?

CALLIMACO Che è a me! Potrebbe quel luogo farla diventare d'un'altra natura, perché in simili lati non si fa se non festeggiare. E io me n'andrei là, e vi condurrei di tutte quelle ragion' piaceri che io potessi, né lascerei indrieto alcuna parte di magnificenzia; fare'mi familiar suo, del marito. Che so io? Di cosa nasce cosa, e il tempo la governa.

SIRO E' non mi dispiace.

CALLIMACO Ligurio si partí questa mattina da me, e disse che sarebbe con messer Nicia sopra questa cosa, e me ne risponderebbe.

SIRO Eccogli di qua insieme.

CALLIMACO Io mi vo' tirare da parte, per essere a tempo a parlare con Ligurio, quando non si spicca dal dottore. Tu intanto, ne va' in casa alle tue faccende, e, se io vorrò che tu facci cosa alcuna, io tel dirò.

SIRO Io vo.

SCENA SECONDA

Messer Nicia, Ligurio.

NICIA Io credo ch'e tua consigli sien buoni, e parla'ne iersera alla donna. Disse che mi risponderebbe oggi; ma, a dirti el vero, io non ci vo di buone gambe.

LIGURIO Perché?

NICIA Perché io mi spicco mal volentieri da bomba. Dipoi, ad avere a travasare moglie, fante, masserizie, ella non mi quadra. Oltra di questo, io parlai iersera a parecchi medici. L'uno dice che io vadia a San Filippo, l'altro alla Porretta, e l'altro alla Villa; e' mi parvono parecchi uccellacci; e a dirti el vero, questi dottori di medicina non sanno quello che si pescono.

LIGURIO E' vi debbe dar briga, quello che voi dicesti prima, perché voi non sete uso a perdere la Cupola di veduta.

NICIA Tu erri! Quando io ero piú giovane, io son stato molto randagio. E non si fece mai la fiera a Prato, che io non vi andassi; e non c'è castel veruno all'intorno, dove io non sia stato; e ti vo' dire piú là: io sono stato a Pisa ed a Livorno, oh va'!

LIGURIO Voi dovete avere veduto la carrucola di Pisa.

NICIA Tu vuo' dire la Verrucola.

LIGURIO Ah! sí, la Verrucola. A Livorno, vedesti voi el mare?

NICIA Bene sai che io il vidi!

LIGURIO Quanto è egli maggiore che Arno?

NICIA Che Arno? Egli è per quattro volte, per piú di sei, per piú di sette, mi farai dire: e' non si vede se non acqua, acqua, acqua.

LIGURIO Io mi maraviglio, adunque, avendo voi pisciato in tante neve, che voi facciate tanta difficultà d'andare ad uno bagno.

NICIA Tu hai la bocca piena di latte. E' ti pare a te una favola avere a sgominare tutta la casa? Pure, io ho tanta voglia d'avere figliuoli, che io son per fare ogni cosa. Ma parlane un poco tu con

questi maestri, vedi dove e' mi consigliassino che io andassi; e
io sarò intanto con la donna, e ritroverrenci.

LIGURIO Voi dite bene.

SCENA TERZA

Ligurio, Callimaco.

LIGURIO Io non credo che sia nel mondo el più sciocco uomo di
costui; e quanto la fortuna lo ha favorito! Lui ricco, lei bella
donna, savia, costumata, ed atta a governare un regno. E parmi
che rare volte si verifichi quel proverbio ne' matrimoni, che;
"Dio fa gli uomini, e' si appaiono"; perché spesso si vede uno
uomo ben qualificato sortire una bestia e, per avverso, una prudente donna avere un pazzo. Ma della pazzia di costui se ne cava
questo bene, che Callimaco ha che sperare. Ma eccolo. Che vai
tu apostando, Callimaco?

CALLIMACO Io ti aveva veduto col dottore, ed aspettavo che tu ti
spiccassi da lui, per intendere quello avevi fatto.

LIGURIO Egli è uno uomo della qualità che tu sai, di poca prudenzia, di meno animo: e partesi mal volentieri da Firenze. Pure, io
ce l'ho riscaldato, e mi ha detto infine che farà ogni cosa. E
credo che, quando e' ti piaccia questo partito, che noi ve lo condurreno; ma io non so se noi ci fareno el bisogno nostro.

CALLIMACO Perché?

LIGURIO Che so io? Tu sai che a questi bagni va d'ogni qualità
gente, e potrebbe venirvi uomo a chi madonna Lucrezia piacessi
come a te, che fussi ricco più di te, che avessi più grazia di te:
in modo che si porta pericolo di non durare questa fatica per
altri, e che intervenga che la copia de' concorrenti la faccino più

dura, o che dimesticandosi, la si volga ad un altro e non a te.

CALLIMACO Io conosco che tu di' el vero. Ma come ho a fare? Che partito ho a pigliare? Dove mi ho a volgere? A me bisogna tentare qualche cosa, sia grande, sia periculosa, sia dannosa, sia infame. Meglio è morire che vivere cosí. Se io potessi dormire la notte, se io potessi mangiare, se io potessi conversare, se io potessi pigliare piacere di cosa veruna, io sarei piú paziente ad aspettare el tempo; ma qui non ci è rimedio; e, se io non sono tenuto in speranza da qualche partito, io mi morrò in ogni modo; e, veggendo di avere a morire, non sono per temere cosa alcuna, ma per pigliare qualche partito bestiale, crudele, nefando.

LIGURIO Non dire così, raffrena cotesto impeto dell'animo.

CALLIMACO Tu vedi bene che, per raffrenarlo, io mi pasco di simili pensieri. E però è necessario o che noi seguitiamo di mandare costui al bagno, o che noi entriamo per qualche altra via, che mi pasca d'una speranza, se non vera, falsa almeno, per la quale io nutrisca un pensiero, che mitighi in parte tanti mia affanni.

LIGURIO Tu hai ragione, ed io sono per farlo.

CALLIMACO Io lo credo, ancora che io sappia ch'e pari tuoi vivino d'uccellare li uomini. Nondimanco, io non credo essere in quel numero, perché, quando tu el facessi ed io me ne avvedessi, cercherei di valermene, e perderesti ora l'uso della casa mia, e la speranza di avere quello che per lo avvenire t'ho promesso.

LIGURIO Non dubitare della fede mia, ché, quando e' non ci fussi l'utile che io sento e che io spero, ci è che 'l tuo sangue si affà col mio, e desidero che tu adempia questo tuo desiderio presso a quanto tu. Ma lasciamo ire questo. El dottore mi ha commesso che io truovi un medico, e intenda a quale bagno sia bene andare. Io voglio che tu faccia a mio modo, e questo è che tu dica di avere studiato in medicina, e che abbi fatto a Parigi qualche sperienzia: lui è per crederlo facilmente per la semplicità sua, e per essere tu litterato e poterli dire qualche cosa in grammatica.

CALLIMACO A che ci ha a servire cotesto?

LIGURIO Serviracci a mandarlo a qual bagno noi vorreno, ed a pigliare qualche altro partito che io ho pensato, che sarà piú corto, piú certo, piú riuscibile che 'l bagno.

CALLIMACO Che di' tu?

LIGURIO Dico che, se tu arai animo e se tu confiderai in me, io ti do questa cosa fatta, innanzi che sia domani questa otta. E, quando e' fussi uomo che non è, da ricercare se tu se' o non se' medico, la brevità del tempo, la cosa in sé, farà o che non ne ragionerà o che non sarà a tempo a guastarci el disegno, quando bene e' ne ragionassi.

CALLIMACO Tu mi risuciti. Questa è troppa gran promessa, e pascimi di troppa gran speranza. Come farai?

LIGURIO Tu el saprai, quando e' fia tempo; per ora non occorre che io te lo dica, perché el tempo ci mancherà a fare nonché dire. Tu, vanne in casa, e quivi m'aspetta, ed io anderò a trovare el dottore, e, se io lo conduco a te, andrai seguitando el mio parlare ed accomodandoti a quello.

CALLIMACO Cosí farò, ancora che tu mi riempia d'una speranza, che io temo non se ne vadia in fumo.

CANZONE
dopo il primo atto

Chi non fa prova, Amore,
della tua gran possanza, indarno spera
di far mai fede vera
qual sia del cielo il piú alto valore;
né sa come si vive, insieme, e muore,
come si segue il danno e 'l ben si fugge,
come s'ama se stesso
men d'altrui, come spesso

timore e speme i cori adiaccia e strugge;
né sa come ugualmente uomini e dèi
paventan' l'arde di che armato sei.

ATTO SECONDO

SCENA PRIMA

Ligurio, messer Nicia, Siro.

LIGURIO Come io vi ho detto, io credo che Dio ci abbia mandato costui, perché voi adempiate el desiderio vostro. Egli ha fatto a Parigi esperienzie grandissime; e non vi maravigliate se a Firenze e' non ha fatto professione dell'arte, che n'è suto cagione, prima, per essere ricco, secondo, perché egli è ad ogni ora per tornare a Parigi.

NICIA Ormai, frate sí, cotesto bene importa; perché io non vorrei che mi mettessi in qualche lecceto, poi mi lasciassi in sulle secche.

LIGURIO Non dubitate di cotesto; abbiate solo paura che non voglia pigliare questa cura; ma, se la piglia e' non è per lasciarvi infino che non ne veda el fine.

NICIA Di cotesta parte io mi vo' fidare di te; ma della scienzia io ti dirò bene io, come io li parlo, s'egli è uom di dottrina, perché a me non venderà egli vesciche.

LIGURIO E perché io vi conosco, vi meno io a lui acciò li parliate. E se, parlato li avete, e' non vi pare per presenzia, per dottrina, per lingua uno uomo da metterli il capo in grembo, dite che io non sia desso.

NICIA Or sia, al nome dell'Agnol santo! Andiamo. Ma dove sta egli?

LIGURIO Sta in su questa piazza, in quell'uscio che voi vedete dirimpetto a noi.

NICIA Sia con buona ora. Picchia.

LIGURIO Ecco fatto.

SIRO Chi è?

LIGURIO Evvi Callimaco?

SIRO Sí, è.

NICIA Che non di' tu maestro Callimaco?

LIGURIO E' non si cura di simil baie.

NICIA Non dir cosí, fa' il tuo debito, e, s'e' l'ha per male, scingasi!

SCENA SECONDA

Callimaco, messer Nicia, Ligurio.

CALLIMACO Chi è quel che mi vuole?

NICIA *Bona dies, domine magister.*

CALLIMACO *Et vobis bona, domine doctor.*

LIGURIO Che vi pare?

NICIA Bene, alle guagnèle!

LIGURIO Se voi volete che io stia qui con voi, voi parlerete in modo che io v'intenda, altrimenti noi fareno duo fuochi.

CALLIMACO Che buone faccende?

NICIA Che so io? Vo cercando duo cose, ch'un altro per avventura fuggirebbe: questo è di dare briga a me e ad altri. Io non ho figliuoli, e vorre'ne, e, per avere questa briga, vengo a dare impaccio a voi.

CALLIMACO A me non fia mai discaro fare piacere a voi ed a tutti li uomini virtuosi e da bene come voi; e non mi sono a Parigi affaticato tanti anni per imparare per altro, se non per potere servire a' pari vostri.

NICIA Gran mercé; e, quando voi avessi bisogno dell'arte mia, io vi servirei volentieri. Ma torniamo *ad rem nostram*. Avete voi pensato che bagno fussi buono a disporre la donna mia ad impregnare? Ché io so che qui Ligurio vi ha detto quel che vi s'abbia detto.

CALLIMACO Egli è la verità; ma, a volere adempiere el desiderio vostro, è necessario sapere la cagione della sterilità della donna vostra, perché le possono essere piú cagione. *Nam cause sterilitatis sunt: aut in semine, aut in matrice, aut in instrumentis seminariis, aut in virga, aut in causa extrinseca.*

NICIA Costui è el piú degno uomo che si possa trovare!

CALLIMACO Potrebbe, oltra a di questo, causarsi questa sterilità da voi, per impotenzia; che quando questo fussi non ci sarebbe rimedio alcuno.

NICIA Impotente io? Oh! voi mi farete ridere! Io non credo che sia el più ferrigno ed il più rubizzo uomo in Firenze di me.

CALLIMACO Se cotesto non è, state di buona voglia, che noi vi troverremo qualche remedio.

NICIA Sarebbeci egli altro remedio che bagni? Perché io non vorrei quel disagio, e la donna uscirebbe di Firenze mal volentieri.

LIGURIO Sí, sarà! Io vo' rispondere io. Callimaco è tanto respettivo, che è troppo. Non m'avete voi detto di sapere ordinare certe pozione, che indubitatamente fanno ingravidare?

CALLIMACO Sí, ho. Ma io vo rattenuto con gli uomini che io non conosco, perché io non vorrei mi tenessino un cerretano.

NICIA Non dubitate di me, perché voi mi avete fatto maravigliare di qualità, che non è cosa io non credessi o facessi per le vostre mane.

LIGURIO Io credo che bisogni che voi veggiate el segno.

CALLIMACO Sanza dubbio, e' non si può fare di meno.

LIGURIO Chiama Siro, che vadia con el dottore a casa per esso, e torni qui; e noi l'aspetteremo in casa.

CALLIMACO Siro! Va' con lui. E, se vi pare, messere, tornate qui súbito, e penseremo a qualche cosa di buono.

NICIA Come, se mi pare? Io tornerò qui in uno stante, che ho più fede in voi che gli ungheri nelle spade.

SCENA TERZA

Messer Nicia, Siro.

NICIA Questo tuo padrone è un gran valente uomo.

SIRO Piú che voi non dite.

NICIA El re di Francia ne de' far conto.

SIRO Assai.

NICIA E per questa ragione e' debbe stare volentieri in Francia.

SIRO Cosí credo.

NICIA E' fa molto bene. In questa terra non ci è se non cacastecchi, non ci si apprezza virtù alcuna. S'egli stessi qua, non ci sarebbe uomo che lo guardassi in viso. Io ne so ragionare, che ho cacato le curatelle per imparare dua hac: e se io ne avessi a vivere, io starei fresco, ti so dire!

SIRO Guadagnate voi l'anno cento ducati?

NICIA Non cento lire, non cento grossi, o va'! E questo è che, chi non ha lo stato in questa terra, de' nostri pari, non truova can che gli abbai; e non siamo buoni ad altro che andare a' mortori o alle ragunate d'un mogliazzo, o a starci tutto dì in sulla panca del Proconsolo a donzellarci Ma io ne li disgrazio, io non ho bisogno di persona; così stessi chi sta peggio di me. Non vorrei però che le fussino mia parole, che io arei di fatto qualche balzello o qualche porro di drieto, che mi fare' sudare.

SIRO Non dubitate.

NICIA Noi siamo a casa, Aspettami qui: io tornerò ora.

SIRO Andate.

SCENA QUARTA

Siro solo.

SIRO Se gli altri dottori fussino fatti come costui, noi faremmo a sassi pe' forni: che sí, che questo tristo di Ligurio e questo impazzato di questo mio patrone lo conducono in qualche loco, che gli faranno vergogna! E veramente io lo desiderrei, quando io credessi che non si risapessi: perché risapendosi, io porto pericolo della vita, el padrone della vita e della roba. Egli è già diventato medico: non so io che disegno si sia el loro, e dove si tenda questo loro inganno. Ma ecco el dottore, che ha un orinale in mano: chi non riderebbe di questo uccellaccio?

SCENA QUINTA

Messer Nicia, Siro.

NICIA Io ho fatto d'ogni cosa a tuo modo: di questo vo' io che tu facci a mio. S'io credevo non avere figliuli, io arei preso piú tosto per moglie una contadina. Che se' costí, Siro? Viemmi drieto. Quanta fatica ho io durata a fare che questa monna sciocca mi dia questo segno! E non è dire che la non abbi caro fare figliuoli, ché la ne ha piú pensiero di me; ma, come io le vo' far fare nulla, egli è una storia!
SIRO Abbiate pazienzia: le donne si sogliono con le buone parole condurre dove altri vuole.
NICIA Che buone parole! ché mi ha fracido. Va ratto, di' al maestro

ed a Ligurio che io son qui.

SIRO Eccogli che vengon fuori.

SCENA SESTA

Ligurio, Callimaco, messer Nicia.

LIGURIO El dottore fia facile a persuadere; la difficultà fia la donna, ed a questo non ci mancherà modo.

CALLIMACO Avete voi el segno?

NICIA E' l'ha Siro, sotto.

CALLIMACO Dàllo qua. Oh! questo segno mostra debilità di rene.

NICIA Ei mi par torbidiccio; eppur l'ha fatto ora ora.

CALLIMACO Non ve ne maravigliate. *Nam mulieris, uri nae sunt semper maioris grossitiei et albedinis, et mi noris pulchritudinis quam virorum. Huius autem, in caetera, causa est amplitudo canalium, mixtio eorum quae ex matrice exeunt cum urinis.*

NICIA Oh! uh! potta di san Puccio! Costui mi raffinisce in tralle mani; guarda come ragiona bene di queste cose!

CALLIMACO Io ho paura che costei non sia, la notte, mal coperta, e per questo fa l'orina cruda.

NICIA Ella tien pure adosso un buon coltrone; ma la sta quattro ore ginocchioni ad infilzar paternostri, innanzi che la se ne venghi al letto, ed è una bestia a patir freddo.

CALLIMACO Infine, dottore, o voi avete fede in me, o no; o io vi ho ad insegnare un rimedio certo, o no. Io, per me, el rimedio vi darò. Se voi arete fede in me, voi lo piglierete; e se, oggi ad uno anno, la vostra donna non ha un suo figliolo in braccio, io voglio avervi a donare dumilia ducati.

NICIA Dite pure, ché io son per farvi onore di tutto, e per credervi piú che al mio confessoro.

CALLIMACO Voi avete ad intender questo, che non è cosa piú certa ad ingravidare una donna che dargli bere una pozione fatta di mandragola. Questa è una cosa esperimentata da me dua paia di volte, e trovata sempre vera; e, se non era questo, la reina di Francia sarebbe sterile, ed infinite altre principesse di quello stato.

NICIA E' egli possibile?

CALLIMACO Egli è come io vi dico. E la Fortuna vi ha intanto voluto bene, che io ho condutto qui meco tutte quelle cose che in quella pozione si mettono, e potete averla a vostra posta.

NICIA Quando l'arebbe ella a pigliare?

CALLIMACO Questa sera dopo cena, perché la luna è ben disposta, ed el tempo non può essere piú appropriato.

NICIA Cotesto non fia molto gran cosa. Ordinatela in ogni modo: io gliene farò pigliare.

CALLIMACO E' bisogna ora pensare a questo: che quello uomo che ha prima a fare seco, presa che l'ha, cotesta pozione, muore infra otto giorni, e non lo camperebbe el mondo.

NICIA Cacasangue!. Io non voglio cotesta suzzacchera! A me non l'appiccherai tu! Voi mi avete concio bene!

CALLIMACO State saldo, e' ci è rimedio.

NICIA Quale?

CALLIMACO Fare dormire súbito con lei un altro che tiri, standosi seco una notte, a sé tutta quella infezione della mandragola: dipoi vi iacerete voi sanza periculo.

NICIA Io non vo' far cotesto.

CALLIMACO Perché?

NICIA Perché io non vo' fare la mia donna femmina e me becco.

CALLIMACO Che dite voi, dottore? Oh! io non vi ho per savio come io credetti. Sí che voi dubitate di fare quel lo che ha fatto el re di Francia e tanti signori quanti sono là?

NICIA Chi volete voi che io truovi che facci cotesta pazzia? Se io gliene dico, e' non vorrà; se io non gliene dico, io lo tradisco, ed è caso da Otto: io non ci voglio capitare sotto male.

CALLIMACO Se non vi dà briga altro che cotesto, lasciatene la cura a me.

NICIA Come si farà?

CALLIMACO Dirovelo: io vi darò la pozione questa sera dopo cena; voi gliene darete bere e, súbito, la metterete nel letto, che fieno circa a quattro ore di notte. Dipoi ci travestiremo, voi, Ligurio, Siro ed io, e andrencene cercando in Mercato Nuovo, in Mercato Vecchio, per questi canti; ed el primo garzonaccio che noi troviamo scioperato lo imbavaglieremo, ed a suon di mazzate lo condurreno in casa ed in camera vostra al buio. Quivi lo mettereno nel letto, direngli quel che gli abbia a fare, non ci fia difficultà veruna. Dipoi, la mattina, ne manderete colui innanzi dí, farete lavare la vostra donna, starete con lei a vostro piacere e sanza periculo.

NICIA Io sono contento, poiché tu di' che e re e principi e signori hanno tenuto questo modo. Ma sopratutto, che non si sappia, per amore degli Otto!

CALLIMACO Chi volete voi che lo dica?

NICIA Una fatica ci resta, e d'importanza.

CALLIMACO Quale?

NICIA Farne contenta mogliama, a che io non credo che la si disponga mai.

CALLIMACO Voi dite el vero. Ma io non vorrei innanzi essere marito, se io non la disponessi a fare a mio modo.

LIGURIO Io ho pensato el rimedio.

NICIA Come?

LIGURIO Per via del confessoro.

CALLIMACO Chi disporrà el confessoro, tu?

LIGURIO Io, e danari, la cattività nostra, loro.

NICIA Io dubito, non che altro, che per mie detto la non voglia ire a parlare al confessoro.

LIGURIO Ed anche a cotesto è remedio.

CALLIMACO Dimmi.

LIGURIO Farvela condurre alla madre.

NICIA La le presta fede.

LIGURIO Ed io so che la madre è della opinione nostra. Orsú! avanziam tempo, ché si fa sera. Vatti, Callimaco, a spasso, e fa' che alle ventitré ore noi ti ritroviamo in casa con la pozione ad ordine. Noi n'andreno a casa la madre, el dottore ed io, a disporla, perché è mia nota. Poi n'andreno al frate, e vi raguagliereno di quello che noi aren fatto.

CALLIMACO Deh! non mi lasciar solo.

LIGURIO Tu mi pari cotto.

CALLIMACO Dove vuoi tu ch'io vadia ora?

LIGURIO Di là, di qua, per questa via, per quell'altra: egli è sí grande Firenze!

CALLIMACO Io son morto.

CANZONE
dopo il secondo atto

Quanto felice sia ciascun sel vede,
chi nasce sciocco ed ogni cosa crede!
Ambizione nol preme,
non lo muove il timore,
che sogliono esser seme
di noia e di dolore.
Questo vostro dottore,
bramando aver figlioli,
credria ch'un asin voli;
e qualunque altro ben posto ha in oblio,
e solo in questo ha posto il suo disio.

ATTO TERZO

SCENA PRIMA

Sostrata, messer Nicia, Ligurio.

SOSTRATA Io ho sempre mai sentito dire che gli è ufizio d'un prudente pigliare de' cattivi partiti el migliore: se, ad avere figliuoli, voi non avete altro rimedio che questo, si vuole pigliarlo, quando e' non si gravi la conscienzia.

NICIA Egli è così.

LIGURIO Voi ve ne andrete a trovare la vostra figliuola, e messere ed io andreno a trovare fra' Timoteo suo confessoro, e narrerengli el caso, acciò che non abbiate a dirlo voi: vedrete quello che vi dirà.

SOSTRATA Cosí sarà fatto. La via vostra è di costà; ed io vo a trovare la Lucrezia, e la merrò a parlare al frate, ad ogni modo.

SCENA SECONDA

Messer Nicia, Ligurio.

NICIA Tu ti maravigli forse, Ligurio, che bisogni fare tante storie a disporre mogliama; ma, se tu sapessi ogni cosa, tu non te ne maraviglieresti.

LIGURIO Io credo che sia, perché tutte le donne sono sospettose.

NICIA Non è cotesto. Ell'era la piú dolce persona del mondo e la piú facile; ma, sendole detto da una sua vicina che, s'ella si botava d'udire quaranta mattine la prima messa de' Servi, che impregnerebbe, la si botò, ed andovvi forse venti mattine. Ben sapete che un di que' fratacchioni le cominciò 'ndare d'atorno, in modo che la non vi volle piú tornare. Egli è pure male però che quegli che ci arebbono a dare buoni essempli sien fatti cosí. Non dich'io el vero?

LIGURIO Come diavolo, se egli è vero!

NICIA Da quel tempo in qua ella sta in orecchi come la lepre; e, come se le dice nulla, ella vi fa dentro mille difficultà.

LIGURIO Io non mi maraviglio piú. Ma, quel boto, come si adempié?

NICIA Fecesi dispensare.

LIGURIO Sta bene. Ma datemi, se voi avete, venticinque ducati, ché bisogna, in questi casi, spendere, e farsi amico el frate presto, e darli speranza di meglio.

NICIA Pigliagli pure; questo non mi dà briga, io farò masserizia altrove.

LIGURIO Questi frati sono trincati, astuti; ed è ragionevole, perché e' sanno e peccati nostri, e loro, e chi non è pratico con essi potrebbe ingannarsi e non gli sapere condurre a suo proposito. Pertanto io non vorrei che voi nel parlare guastassi ogni cosa, perché un vostro pari, che sta tuttodí nello studio, s'intende di quelli libri, e delle cose del mondo non sa ragionare. (Costui è sí sciocco, che io ho paura non guastassi ogni cosa).

NICIA Dimmi quel che tu vuoi ch'io faccia.

LIGURIO Che voi lasciate parlare a me, e non parliate mai, s'io non vi accenno.

NICIA Io son contento. Che cenno farai tu?

LIGURIO Chiuderò un occhio; morderommi el labbro... Deh no! Facciàno altrimenti. Quanto è egli che voi non parlasti al frate?

NICIA È più di dieci anni.

LIGURIO Sta bene. Io gli dirò che voi sete assordato, e voi non risponderete e non direte mai cosa alcuna, se noi non parliamo forte.

NICIA Cosí farò.

LIGURIO Non vi dia briga che io dica qualche cosa che vi paia disforme a quello che noi vogliamo, perché tutto tornerà a proposito.

NICIA In buon ora.

LIGURIO Ma io veggo el frate che parla con una donna. Aspettian che l'abbi spacciata.

SCENA TERZA

Fra' Timoteo, una donna.

TIMOTEO Se voi vi volessi confessare, io farò ciò che voí volete.

DONNA Non, per oggi; io sono aspettata: e' mi basta essermi sfogata un poco, cosí ritta ritta. Avete voi dette quelle messe della Nostra Donna?

TIMOTEO Madonna sí.

DONNA Togliete ora questo fiorino, e direte dua mesi ogni lunedí la messa de' morti per l'anima del mio marito. Ed ancora che fussi un omaccio, pure le carne tirono: io non posso fare non mi risenta, quando io me ne ricordo. Ma credete voi che sia in purgatorio?

TIMOTEO Sanza dubio.

DONNA Io non so già cotesto. Voi sapete pure quel che mi faceva qualche volta. Oh, quanto me ne dolsi io con esso voi! Io me ne discostavo quanto io potevo; ma egli era sí importuno! Uh, nostro Signore!

TIMOTEO Non dubitate, la clemenzia di Dio è grande: se non manca a l'uomo la voglia, non gli manca mai el tempo a pentirsi.

DONNA Credete voi che 'l Turco passi questo anno in Italia?

TIMOTEO Se voi non fate orazione, sí.

DONNA Naffe! Dio ci aiuti, con queste diavolerie! Io ho una gran
paura di quello impalare. Ma io veggo qua in chiesa una donna
che ha certa accia di mio: io vo' ire a trovarla. Fate col buon dí.

TIMOTEO Andate sana.

SCENA QUARTA

Fra' Timoteo, Ligurio, messer Nicia.

TIMOTEO Le piú caritative persone che sieno sono le donne, e le
piú fastidiose. Chi le scaccia, fugge e fastidii e l'utile; chi le in-
trattiene, ha l'utile ed e fastidii insieme. Ed è 'l vero che non è
el mele sanza le mosche. Che andate voi facendo, uomini da
bene? Non riconosco io messer Nicia?

LIGURIO Dite forte, ché gli è in modo assordato, che non ode quasi
nulla.

TIMOTEO Voi sete il ben venuto, messere!

LIGURIO Piú forte !

TIMOTEO El ben venuto!

NICIA El ben trovato, padre!

TIMOTEO Che andate voi faccendo?

NICIA Tutto bene.

LIGURIO Volgete el parlare a me, padre, perché voi, a volere che
v'intendessi, aresti a mettere a romore questa piazza.

TIMOTEO Che volete voi da me?

LIGURIO Qui messere Nicia ed un altro uomo da bene, che voi intenderete poi, hanno a fare distribuire in limosine parecchi cen-

tinaia di ducati.

NICIA Cacasangue!

LIGURIO (Tacete, in malora, e' non fien molti!) Non vi maravigliate, padre, di cosa che dica, ché non ode, e pargli qualche volta udire, e non risponde a proposito.

TIMOTEO Séguita pure, e lasciagli dire ciò che vuole.

LIGURIO De' quali danari io ne ho una parte meco; ed hanno disegnato che voi siate quello che li distribuiate.

TIMOTEO Molto volentieri.

LIGURIO Ma egli è necessario, prima che questa limosina si faccia, che voi ci aiutiate d'un caso strano intervenuto a messere, che solo voi potete aiutare, dove ne va al tutto l'onore di casa sua.

TIMOTEO Che cosa è?

LIGURIO Io non so se voi conoscesti Cammillo Calfucci, nipote qui di messere.

TIMOTEO Sí, conosco.

LIGURIO Costui n'andò per certe sua faccende, uno anno fa, in Francia; e, non avendo donna, che era morta, lasciò una sua figliuola da marito in serbanza in uno munistero, del quale non accade dirvi ora el nome.

TIMOTEO Che è seguíto?

LIGURIO E' seguíto che, o per straccurataggine delle monache o per cervellinaggine della fanciulla, la si truova gravida di quattro mesi; di modo che, se non ci si ripara con prudenzia, el dottore, le monache, la fanciulla, Cammillo, la casa de' Calfucci è vituperata; e il dottore stima tanto questa vergogna che s'è botato, quando la non si palesi, dare trecento ducati per l'amore di Dio.

NICIA Che chiacchiera!

LIGURIO (State cheto!) E daragli per le vostre mani; e voi solo e la badessa ci potete rimediare.

TIMOTEO Come?

LIGURIO Persuadere alla badessa che dia una pozione alla fanciulla per farla sconciare.

TIMOTEO Cotesta è cosa da pensarla.

LIGURIO Guardate, nel far questo, quanti beni ne resulta: voi mantenete l'onore al monistero, alla fanciulla, a' parenti; rendete al padre una figliuola; satisfate qui a messere, a tanti sua parenti; fate tante elemosine, quante con questi trecento ducati potete fare; e, dall'altro canto, voi non offendete altro che un pezzo di carne non nata, sanza senso, che in mille modi si può sperdere; ed io credo che quello sia bene che facci bene ai piú, e che e piú se ne contentino.

TIMOTEO Sia, col nome di Dio. Faccisi ciò che voi volete, e, per Dio e per carità, sia fatto ogni cosa. Ditemi el munistero, datemi la pozione, e, se vi pare, cotesti danari, da potere cominciare a fare qualche bene.

LIGURIO Or mi parete voi quel religioso, che io credevo che voi fussi. Togliete questa parte de' danari. El munistero è... Ma aspettate, egli è qui in chiesa una donna che mi accenna: io torno ora ora; non vi partite da messer Nicia; io le vo' dire dua parole.

SCENA QUINTA

Fra' Timoteo, messer Nicia.

TIMOTEO Questa fanciulla, che tempo ha?

NICIA Io strabilio.

TIMOTEO Dico, quanto tempo ha questa fanciulla?

NICIA Mal che Dio gli dia!

TIMOTEO Perché?

NICIA Perché se l'abbia!

TIMOTEO E' mi pare essere nel gagno. Io ho a fare cor uno pazzo e cor un sordo: l'un si fugge, l'altro non ode. Ma se questi non sono quarteruoli, io ne farò meglio di loro! Ecco Ligurio, che torna in qua.

SCENA SESTA

Ligurio, fra' Timoteo, messer Nicia.

LIGURIO State cheto, messere. Oh! io ho la gran nuova, padre.
TIMOTEO Quale?
LIGURIO Quella donna con chi io ho parlato, mi ha detto che quella fanciulla si è sconcia per se stessa.
TIMOTEO Bene! questa limosina andrà alla Grascia.
LIGURIO Che dite voi?
TIMOTEO Dico che voi tanto piú doverrete fare questa limosina.
LIGURIO La limosina si farà, quando voi vogliate: ma e' bisogna che voi facciate un'altra cosa in benefizio qui del dottore.
TIMOTEO Che cosa è?
LIGURIO Cosa di minor carico, di minor scandolo, piú accetta a noi, e piú utile a voi.
TIMOTEO Che è? Io sono in termine con voi, e parmi avere contratta tale dimestichezza, che non è cosa che io non facessi.
LIGURIO Io ve lo vo' dire in chiesa, da me e voi, ed el dottore fia contento di aspettare qui. Noi torniamo ora.
NICIA Come disse la botta a l'erpice! .
TIMOTEO Andiamo.

SCENA SETTIMA

Messer Nicia solo.

NICIA E' egli di dì o di notte? Sono io desto o sogno? Sono io imbriaco, e non ho beuto ancora oggi, per ire drieto a queste chiacchiere? Noi rimanghiam di dire al frate una cosa, e' ne dice un'altra; poi volle che io facessi el sordo, e bisognava io m'impeciassi gli orecchi come el Danese, a volere che io non avessi udite le pazzie, che gli ha dette, e Dio il sa con che proposito! Io mi truovo meno venticinque ducati, e del fatto mio non s'è ancora ragionato; ed ora m'hanno qui posto come un zugo a piuolo. Ma eccogli che tornano; in mala ora per loro, se non hanno ragionato del fatto mio!

SCENA OTTAVA

Fra' Timoteo, Ligurio, messer Nicia.

TIMOTEO Fate che le donne venghino. Io so quello che io ho a fare; e, se l'autorità mia varrà, noi concluderemo questo parentado questa sera.

LIGURIO Messer Nicia, fra' Timoteo è per fare ogni cosa. Bisogna vedere che le donne venghino.

NICIA Tu mi ricrii tutto quanto. Fia egli maschio?

LIGURIO Maschio.

NICIA Io lacrimo per la tenerezza.

TIMOTEO Andatevene in chiesa, io aspetterò qui le donne. State in lato che le non vi vegghino; e, partite che le fieno, Vi dirò quello che l'hanno detto.

SCENA NONA

Frate Timoteo solo.

TIMOTEO Io non so chi s'abbi giuntato l'uno l'altro. Questo tristo di Ligurio ne venne a me con quella prima novella, per tentarmi, acciò, se io non gliene consentivo, non mi arebbe detta questa, per non palesare e disegni loro sanza utile, e di quella che era falsa non si curavono. Egli è vero che io ci sono suto giuntato; nondimeno, questo giunto è con mio utile. Messer Nicia e Callimaco sono ricchi, e da ciascuno, per diversi rispetti, sono per trarre assai; la cosa convien stia secreta, perché l'importa cosí a loro a dirla come a me. Sia come si voglia, io non me ne pento. E' ben vero che io dubito non ci avere dificultà, perché madonna Lucrezia è savia e buona: ma io la giugnerò in sulla bontà. E tutte le donne hanno poco cervello; e come ne è una che sappi dire dua parole, e' se ne predica, perché in terra di ciechi chi v'ha un occhio è signore. Ed eccola con la madre, la quale è bene una bestia, e sarammi uno grande adiuto a condurla alle mia voglie.

SCENA DECIMA

Sostrata, Lucrezia.

SOSTRATA Io credo che tu creda, figliuola mia, che io stimi l'onore ed el bene tuo quanto persona del mondo, e che io non ti consigliassi di cosa che non stessi bene. Io t'ho detto e ridicoti, che se fra' Timoteo ti dice che non ci sia carico di conscienzia, che tu lo faccia sanza pensarvi.

LUCREZIA Io ho sempremai dubitato che la voglia, che messer Nicia ha d'avere figliuoli, non ci faccia fare qualche errore; e per questo, sempre che lui mi ha parlato di alcuna cosa, io ne sono stata in gelosia e sospesa massime poi che m'intervenne quello che vi sapete, per andare a' Servi. Ma di tutte le cose che si son tentate, questa mi pare la piú strana, di avere a sottomettere el corpo mio a questo vituperio, ad esser cagione che uno uomo muoia per vituperarmi: perché io non crederrei, se io fussi sola rimasa nel mondo e da me avessi a resurgere l'umana natura, che mi fussi simile partito concesso

SOSTRATA Io non ti so dire tante cose, figliuola mia. Tu parlerai al frate, vedrai quello che ti dirà, e farai quello che tu dipoi sarai consigliata da lui, da noi, da chi ti vuole bene.

LUCREZIA Io sudo per la passione.

SCENA UNDECIMA

Fra' Timoteo, Lucrezia, Sostrata.

TIMOTEO Voi siate le ben venute! Io so quello che voi volete intendere da me, perché messer Nicia m'ha parlato. Veramente, io sono stato in su' libri più di dua ore a studiare questo caso; e, dopo molte esamine, io truovo di molte cose che, e in particolare ed in generale, fanno per noi.

LUCREZIA Parlate voi da vero o motteggiate?

TIMOTEO Ah, madonna Lucrezia! Sono, queste, cose da motteggiare? Avetemi voi a conoscere ora?

LUCREZIA Padre, no; ma questa mi pare la più strana cosa che mai si udissi.

TIMOTEO Madonna, io ve lo credo, ma io non voglio che voi diciate piú cosí. E' sono molte cose che discosto paiano terribili, insopportabile, strane, che, quando tu ti appressi loro, le riescono umane, sopportabili, dimestiche; e però si dice che sono maggiori li spaventi ch'e mali: e questa è una di quelle.

LUCREZIA Dio el voglia!

TIMOTEO Io voglio tornare a quello, che io dicevo prima. Voi avete, quanto alla conscienzia, a pigliare questa generalità, che, dove è un bene certo ed un male incerto, non si debbe mai lasciare quel bene per paura di quel male. Qui è un bene certo, che voi ingraviderete, acquisterete una anima a messer Domenedio; el male incerto è che colui che iacerà, dopo la pozione, con voi, si muoia; ma e' si truova anche di quelli che non muoiono. Ma perché la cosa è dubia, però è bene che messer Nicia non corra quel periculo. Quanto allo atto, che sia peccato, questo è una favola, perché la volontà è quella che pecca, non el corpo; e la cagione del peccato è dispiacere al marito, e voi li compiacete; pigliarne piacere, e voi ne avete dispiacere. Oltra di questo, el fine si ha a riguardare in tutte le cose; el fine vostro si è riempire una sedia in paradiso, contentare el marito vostro. Dice la Bibia che le figliuole di Lotto, credendosi essere rimase sole nel mondo, usorono con el padre; e, perché la loro intenzione fu buona, non peccorono.

LUCREZIA Che cosa mi persuadete voi?

SOSTRATA Làsciati persuadere, figliuola mía. Non vedi tu che una donna, che non ha figliuoli, non ha casa? Muorsi el marito, resta com'una bestia, abandonata da ognuno.

TIMOTEO Io vi giuro, madonna, per questo petto sacrato, che tanta conscienzia vi è ottemperare in questo caso al marito vostro, quanto vi è mangiare carne el mercodedí, che è un peccato che se ne va con l'acqua benedetta.

LUCREZIA A che mi conducete voi, padre?

TIMOTEO Conducovi a cose, che voi sempre arete cagione di pregare Dio per me; e piú vi satisfarà questo altro anno che ora.

SOSTRATA Ella farà ciò che voi volete. Io la voglio mettere stasera al letto io. Di che hai tu paura, moccicona? E' c'è cinquanta donne, in questa terra, che ne alzerebbono le mani al cielo.

LUCREZIA Io sono contenta: ma non credo mai essere viva domattina.

TIMOTEO Non dubitar, figliuola mia: io pregherrò Iddio per te, io dirò l'orazione dell'agnol Raffaello, che ti accompagni. Andate, in buona ora, e preparatevi a questo misterio, ché si fa sera.

SOSTRATA Rimanete in pace, padre.

LUCREZIA Dio m'aiuti e la Nostra Donna, che io non càpiti male.

SCENA DUODECIMA

Fra' Timoteo, Ligurio, messer Nicia.

TIMOTEO O Ligurio, uscite qua!

LIGURIO Come va?

TIMOTEO Bene. Le ne sono ite a casa disposte a fare ogni cosa, e non ci fia difficultà, perché la madre si andrà a stare seco, e vuolla mettere al letto lei.

NICIA Dite voi el vero?

TIMOTEO Bembè, voi sete guarito del sordo?

LIGURIO San Chimenti gli ha fatto grazia.

TIMOTEO E' si vuol porvi una immagine, per rizzarci un poco di baccanella, acciò che io abbia fatto quest'altro guadagno con voi.

NICIA Non entriano in cetere. Farà la donna difficultà di fare quel ch'io voglio?

TIMOTEO Non, vi dico.

NICIA Io sono el piú contento uomo del mondo.

TIMOTEO Credolo. Voi vi beccherete un fanciul maschio,- e chi non ha non abbia.

LIGURIO Andate, frate, a le vostre orazioni, e, se bisognerà altro, vi verreno a trovare. Voi, messere, andate a lei, per tenerla ferma in questa opinione, ed io andrò a trovare maestro Callimaco, che vi mandi la pozione; ed all'un'ora fate che io vi rivegga, per ordinare quello che si de' fare alle quattro.

NICIA Tu di' bene. Addio!

TIMOTEO Andate sani.

Canzone
dopo il terzo atto

 Sí suave è l'inganno
al fin condotto imaginato e caro,
ch'altrui spoglia d'affanno,
e dolce face ogni gustato amaro.
O rimedio alto e raro,
tu mostri il dritto calle all'alme erranti;
tu, col tuo gran valore,
nel far beato altrui, fai ricco Amore;
tu vinci, sol co' tuoi consigli santi,
pietre, veneni e incanti.

ATTO QUARTO

SCENA PRIMA

Callimaco solo.

CALLIMACO Io vorrei pure intendere quello che costoro hanno fatto. Può egli essere che io non rivegga Ligurio? E, nonché le ventitré, le sono le ventiquattro ore! In quanta angustia d'animo sono io stato e sto! Ed è vero che la Fortuna e la Natura tiene el conto per bilancio: la non ti fa mai un bene, che, a l'incontro, non surga un male. Quanto piú mi è cresciuta la speranza, tanto mi è cresciuto el timore. Misero a me! Sarà egli mai possibile che io viva in tanti affanni e perturbato da questi timori e queste speranze? Io sono una nave vessata da dua diversi venti, che tanto piú teme, quanto ella è più presso al porto. La semplicità di messere Nicia mi fa sperare, la providenzia e durezza di Lucrezia mi fa temere. Oimè, che io non truovo requie in alcuno loco! Talvolta io cerco di vincere me stesso, riprendomi di questo mio furore, e dico meco: — Che fai tu? Se' tu impazato? Quando tu l'ottenga, che fia? Conoscerai el tuo errore, pentira'ti delle fatiche e de' pensieri che hai avuti. Non sai tu quanto poco bene si truova nelle cose che l'uomo desidera, rispetto a quello che l'uomo ha presupposto trovarvi? Da l'altro canto: el peggio che te ne va è morire e andarne in inferno; e' son morti tanti degli altri! e sono in inferno tanti uomini da bene! Ha'ti tu a vergognare d'andarvi tu? Volgi el viso alla sorte; fuggi el male, e non lo potendo fuggire sopportalo come uomo; non ti prosternere, non ti invilire come una donna. — E così mi fo di buon cuore; ma io ci sto poco sú, perché da ogni parte mi assalta tanto desio d'essere una volta con costei, che io mi sento, dalle piante de' piè al capo, tutto alterare: le gambe triemano, le viscere si commuovono, il cuore mi si sbarba del petto, le braccia s'abandonano, la lingua diventa muta, gli occhi abarbagliano, el cervello mi gira. Pure, se io trovassi Ligurio, io arei con chi sfogarmi. Ma ecco che ne viene verso me ratto. El rapporto di costui mi farà o vivere allegro qualche poco o morire affatto.

SCENA SECONDA

Ligurio, Callimaco.

LIGURIO Io non desiderai mai più tanto di trovare Callimaco, e non penai mai più tanto a trovarlo. Se io li portassi triste nuove, io l'arei riscontro al primo. Io sono stato a casa, in Piazza, in Mercato, al Pancone delli Spini, alla Loggia de' Tornaquinci, e non l'ho trovato. Questi innamorati hanno l'ariento vivo sotto e pieti, e non si possono fermare.

CALLIMACO Che sto io ch'io non lo chiamo? E mi par pure allegro: Oh, Ligurio! Ligurio!

LIGURIO Oh, Callimaco! dove sei tu stato?

CALLIMACO Che novelle?

LIGURIO Buone.

CALLIMACO Buone in verità?

LIGURIO Ottime.

CALLIMACO E' Lucrezia contenta?

LIGURIO Sí.

CALLIMACO El frate fece el bisogno?

LIGURIO Fece

CALLIMACO Oh, benedetto frate! Io pregherrò sempre Dio per

lui. .

LIGURIO Oh, buono! Come se Dio facessi le grazie del male, come del bene! El frate vorrà altro che prieghi!

CALLIMACO Che vorrà?

LIGURIO Danari.

CALLIMACO Darégliene. Quanti ne gli hai tu promessi?

LIGURIO Trecento ducati.

CALLIMACO Hai fatto bene.

LIGURIO El dottore ne ha sborsati venticinque.

CALLIMACO Come?

LIGURIO Bastiti che gli ha sborsati.

CALLIMACO La madre di Lucrezia, che ha fatto?

LIGURIO Quasi el tutto. Come la 'ntese che la sua figliuola la avev'avere questa buona notte sanza peccato, la non restò mai di pregare, comandare, confortare la Lucrezia, tanto che ella la condusse al frate, e quivi operò in modo, che la l'acconsentí.

CALLIMACO Oh, Dio! Per quali mia meriti debbo io avere tanti beni? Io ho a morire per l'allegrezza!

LIGURIO Che gente è questa? Ora per l'allegrezza, ora pel dolore, costui vuole morire in ogni modo. Hai tu ad ordine la pozione?

CALLIMACO Sí, ho.

LIGURIO Che li manderai?

CALLIMACO Un bicchiere d'hypocras, che è a proposito a racconciare lo stomaco, rallegra el cervello... Ohimè, ohimè, ohimè, io sono spacciato!

LIGURIO Che è? Che sarà?

CALLIMACO E' non ci è remedio.

LIGURIO Che diavol fia?

CALLIMACO E' non si è fatto nulla, io mi son murato un forno.

LIGURIO Perché? Ché non lo di? Lèvati le man' dal viso.

CALLIMACO O non sai tu che io ho detto a messer Nicia che tu, lui, Siro ed io piglieremo uno per metterlo a lato a la moglie?

LIGURIO Che importa?

CALLIMACO Come, che importa? Se io sono con voi, non potrò

essere quel che sia preso; s'io non sono, e' s'avvedrà dello inganno.

LIGURIO Tu di' el vero. Ma non ci è egli rimedio?

CALLIMACO Non, credo io.

LIGURIO Sí, sarà bene.

CALLIMACO Quale?

LIGURIO Io voglio un poco pensallo.

CALLIMACO Tu mi hai chiaro: io sto fresco, se tu l'hai a pensare ora!

LIGURIO Io l'ho trovato.

CALLIMACO Che cosa?

LIGuRIo Farò che 'l frate, che ci ha aiutato infino a qui, farà questo resto.

CALLIMACO In Che modo?

LIGURIO Noi abbiamo tutti a travestirci. Io farò travestire el frate: contrafarà la voce, el viso, l'abito; e dirò al dottore che tu sia quello; e' sel crederà.

CALLIMACO Piacemi; ma io che farò?

LIGURIO Fo conto che tu ti metta un pitocchino indosso, e con un liuto in mano te ne venga costí, dal canto della sua casa, cantando un canzoncino.

CALLIMACO A viso scoperto?

LIGURIO Sí, ché se tu portassi una maschera, e' gli enterrebbe 'n sospetto.

CALLIMACO E' mi conoscerà.

LIGURIO Non farà: perché io voglio che tu ti storca el viso, che tu apra, aguzzi o digrigni la bocca, chiugga un occhio. Pruova un poco.

CALLIMACO Fo io cosí?

LIGURIO No.

CALLIMACO Cosí?

LIGURIO Non basta.

CALLIMACO A questo modo?

LIGURIO Sí, sí, tieni a mente cotesto. Io ho un naso in casa: io vo' che tu te l'appicchi.

CALLIMACO Orbé, che sarà poi?

LIGURIO Come tu sarai comparso in sul canto, noi saren quivi, tor-rénti el liuto, piglierenti, aggirerenti condurrenti in casa, mette-renti a letto. E 'l resto doverrai tu fare da te!

CALLIMACO Fatto sta condursi!

LIGURIo Qui ti condurrai tu. Ma a fare che tu vi possa ritornare sta a te e non a noi.

CALLIMACO Come?

LIGURIo Che tu te la guadagni in questa notte, e che, innanzi che tu ti parta, te le dia a conoscere, scuoprale lo inganno, mostrile l'amore le porti, dicale el bene le vuoi, e come sanza sua infamia la può esser tua amica, e con sua grande infamia tua nimica. È impossibile che la non convenghi teco, e che la voglia che que-sta notte sia sola.

CALLIMACO Credi tu cotesto?

LIGURIO Io ne son certo. Ma non perdiam piú tempo: e' son già dua ore. Chiama Siro, manda la pozione a messer Nicia, e me aspetta in casa. Io andrò per el frate: farollo travestire, e con-durrenlo qui, e troverreno el dottore e fareno quello manca.

CALLIMACO Tu di' ben! Va' via.

SCENA TERZA

Callimaco, Siro.

CALLIMACO O Siro!

SIRO Messere!

CALLIMACO Fatti costí.

SIRO Eccomi.

CALLIMACO Piglia quello bicchiere d'argento, che è drento allo armario di camera e, coperto con un poco di drappo, portamelo, e guarda a non lo versare per la via.

SIRO Sarà fatto.

CALLIMACO Costui è stato dieci anni meco, e sempre m'ha servito fedelmente. Io credo trovare, anche in questo caso, fede in lui; e, benché io non gli abbi comunicato questo inganno, e' se lo indovina, ché gli è cattivo bene e veggo che si va accomodando.

SIRO Eccolo.

CALLIMACO Sta bene. Tira, va a casa messer Nicia, e digli che questa è la medicina, che ha a pigliare la donna doppo cena subito; e quanto prima cena, tanto sarà meglio; e, come noi sareno in sul canto ad ordine, al tempo, e' facci d'esservi. Va' ratto.

SIRO I' vo.

CALLIMACO Odi qua. Se vuole che tu l'aspetti, aspettalo, e vientene qui con lui; se non vuole, torna qui da me, dato che tu glien'hai, e fatto che tu gli arai l'ambasciata.

SIRO Messer, sí.

SCENA QUARTA

Callimaco solo.

CALLIMACO Io aspetto che Ligurio torni col frate; e chi dice che gli è dura cosa l'aspettare, dice el vero. Io scemo ad ogni ora dieci libbre, pensando dove io sono ora, dove io potrei essere di qui a dua ore, temendo che non nasca qualche cosa, che interrompa el mio disegno. Che se fussi, e' fia l'ultima notte della vita mia, perché o io mi gitterò in Arno, o io m'impiccherò, o io mi gitterò da quelle finestre, o io mi darò d'un coltello in sullo uscio suo. Qualche cosa farò io, perché io non viva più. Ma veggo io Ligurio? Egli è desso, egli ha seco uno che pare scrignuto, zoppo: e' fia certo el frate travestito Oh, frati! Conoscine uno, e conoscigli tutti. Chi è quell'altro, che si è accostato a loro? E' mi pare Siro, arà digià fatto l'ambasciata al dottore; egli è esso. Io gli voglio aspettare qui, per convenire con loro.

SCENA QUINTA

Siro, Ligurio, Callimaco, fra' Timoteo travestito

SIRO Chi è teco, Ligurio?

LIGURIO Uno uom da bene.

SIRO E' egli zoppo, o fa le vista?

LIGURIO Bada ad altro.

SIRO Oh! gli ha el viso del gran ribaldo!

LIGURIO Deh! sta' cheto, ché ci hai fracido! Ove è Callimaco?

CALLIMACO Io son qui. Voi siete e ben venuti!

LIGURIO O Callimaco, avvertisci questo pazzerello di Siro: egli ha detto già mille pazzie.

CALLIMACO Siro, odi qua: tu hai questa sera a fare tutto quello che ti dirà Ligurio; e fa' conto, quando e' ti comanda, che sia io; e ciò che tu vedi, senti o odi, hai a tenere secretissimo, per quanto tu stimi la roba, l'onore, la vita mia e il bene tuo.

SIRO Cosí si farà.

CALLIMACO Desti tu el bicchiere al dottore?

SIRO Messer, sl.

CALLIMACO Che disse?

SIRO Che sarà ora ad ordine di tutto.

TIMOTEO E' questo Callimaco?

CALLIMACO Sono, a' comandi vostri. Le proferte tra noi sien fatte: voi avete a disporre di me e di tutte le fortune mia, come di voi.

TIMOTEO Io l'ho inteso e credolo e sommi messo a fare quello per te, che io non arei fatto per uomo del mondo.

CALLIMACO Voi non perderete la fatica.

TIMOTEO E' basta che tu mi voglia bene.

LIGURIO Lasciamo stare le cerimonie. Noi andreno a travestirci, Siro ed io. Tu, Callimaco, vien' con noi, per potere ire a fare e fatti tua. El frate ci aspetterà qui: noi torneren subito, e andreno a trovare messere Nicia.

CALLIMACO Tu di' bene: andiano.

TIMOTEO Vi aspetto.

SCENA SESTA

Frate solo travestito.

TIMOTEO E' dicono el vero quelli che dicono che le cattive compagnie conducono gli uomini alle forche, e molte volte uno càpita male cosí per essere troppo facile e troppo buono, come per essere troppo tristo. Dio sa che io non pensavo ad iniurare persona, stavomi nella mia cella, dicevo el mio ufizio, intrattenevo e mia devoti: capitommi inanzi questo diavolo di Ligurio, che mi fece intignere el dito in uno errore, donde io vi ho messo el braccio, e tutta la persona, e non so ancora dove io m'abbia a capitare. Pure mi conforto che quando una cosa importa a molti, molti ne hanno aver cura. Ma ecco Ligurio e quel servo che tornono.

SCENA SETTIMA

Fra' Timoteo, Ligurio, Siro travestiti.

TIMOTEO Voi siate e ben tornati.
LIGURIO Stian noi bene?
TIMOTEO Benissimo.
LIGURIO E' ci manca el dottore. Andian verso casa sua: e' son piú di tre ore, andian via!
SIRO Chi apre l'uscio suo? È egli el famiglio?
LICURI0 No: gli è lui. Ah, ah, ah, uh!
SIRO Tu ridi?
LIGURIO Chi non riderebbe? Egli ha un guarnacchino indosso, che non gli cuopre el culo. Che diavolo ha egli in capo? E' mi pare un di questi gufi de' canonici, e uno spadaccino sotto: ah, ah! e' borbotta non so che. Tirianci da parte, e udireno qualche sciagura della moglie.

SCENA OTTAVA

Messer Nicia travestito.

NICIA Quanti lezzi ha fatti questa mia pazza! Ella ha mandato le fante a casa la madre, e 'l famiglio in villa. Di questo io la laudo; ma io non la lodo già che, innanzi che la ne sia voluta ire al letto, ell'abbi fatto tante schifiltà: — Io non voglio! ... Come farò io?... Che mi fate voi fare? ... Oh me!, mamma mia!.. E, se non che la madre le disse il padre del porro, la non entrava in quel letto. Che le venga la contina! Io vorrei ben vedere le donne schizzinose, ma non tanto; ché ci ha tolta la testa, cervello di gatta! Poi, chi dicessi: Che impiccata sia la piú savia donna di Firenze la direbbe: — Che t'ho io fatto?. Io so che la Pasquina enterrà in Arezzo, ed inanzi che io mi parta da giuoco, io potrò dire, come mona Ghinga: — Di veduta, con queste mane. Io sto pur bene! Chi mi conoscerebbe? Io paio maggiore, piú giovane, piú scarzo: e non sarebbe donna, che mi togliessi danari di letto. Ma dove troverrò io costoro?

SCENA NONA

Ligurio, messer Nicia, fra' Timoteo, Siro.

LIGURIO Buona sera, messere.

NICIA Oh! eh! eh!

LIGURIO Non abbiate paura, no' siàn noi.

NICIA Oh! voi siete tutti qui? S'io non vi conoscevo presto, io vi davo con questo stocco, el piú diritto che io sapevo! Tu, se' Ligurio? e tu, Siro? e quell'altro el maestro? ah?

LIGURIO Messere, si.

NICIA Togli! Oh, e' s'è contraffatto bene! e' non lo conoscerebbe Va-qua-tu!

LIGURIO Io gli ho fatto mettere dua noce in bocca, perché non sia conosciuto alla voce.

NICIA Tu se' ignorante.

LIGURIO Perché ?

NICIA Che non me 'l dicevi tu prima? Ed are'mene messo anch'io dua e sai se gli importa non essere conosciuto alla favella!

LIGURIO Togliete, mettetevi in bocca questo.

NICIA Che è ella?

LIGURIO Una palla di cera.

NICIA Dàlla qua... ca, pu, ca, co, co, cu, cu, spu... Che ti venga la seccaggine, pezzo di manigoldo!

LIGURIO Perdonatemi, ché io ve ne ho data una in scambio, che io non me ne sono avveduto.

NICIA Ca, ca, pu, pu... Di che, che, che, che era?

LIGURIO D'aloe.

NICIA Sia, in malora! Spu, spu... Maestro, voi non dite nulla?

TIMOTEO Ligurio m'ha fatto adirare.

NICIA Oh! voi contrafate bene la voce.

LIGURIO Non perdian piú tempo qui. Io voglio essere el capitano, e ordinare l'esercito per la giornata. Al destro corno sia preposto Callimaco, al sinistro io, intra le dua corna starà qui el dottore; Siro fia retroguardo, per dar sussidio a quella banda che inclinassi. El nome sia san Cucú.

NICIA Chi è san Cucú?

LIGURIO È el piú onorato santo, che sia in Francia. Andiàn via, mettiàn l'aguato a questo canto. State a udire: io sento un liuto.

NICIA Egli è esso. Che vogliàn fare?

LIGURIO Vuolsi mandare innanzi uno esploratore a scoprire chi egli è, e, secondo ci riferirà, secondo fareno.

NICIA Chi v'andrà?

LIGURIO Va' via, Siro. Tu sai quello hai a fare. Considera, essamina, torna presto, referisci.

SIRO Io vo.

NICIA Io non vorrei che noi pigliassimo un granchio, che fussi qualche vecchio debole o infermiccio, e che questo giuoco si avessi a rifare domandassera.

LIGURIO Non dubitate, Siro è valent'uomo. Eccolo, e' torna. Che truovi, Siro?

SIRO Egli è el piú bello garzonaccio, che voi vedessi mai! Non ha venticinque anni, e viensene solo, in pitocchino, sonando el liuto.

NICIA Egli è el caso, se tu di' el vero. Ma guarda che questa broda sarebbe tutta gittata addosso a te!

SIRO Egli è quel ch'io v'ho detto.

LIGURIO Aspettiàno ch'egli spunti questo canto, e subito gli sareno addosso.

NICIA Tiratevi in qua, maestro: voi mi parete un uom di legno. Eccolo.

CALLIMACO
Venir vi possa el diavolo allo letto,
Dapoi ch'io non vi posso venir io!

LIGURIO Sta' forte. Da' qua questo liuto!

CALLIMACO Ohimè! Che ho io fatto?

NICIA Tu el vedrai! Cuoprili el capo, imbavaglialo!

LIGURIO Aggiralo!

NICIA Dàgli un'altra volta! dagliene un'altra! mettetelo in casa!

TIMOTEO Messere Nicia, io m'andrò a riposare, ché mi duole la testa, che io muoio. E, se non bisogna, io non tornerò domattina.

NICIA Sí, maestro, non tornate: noi potrem fare da noi.

SCENA DECIMA

Frate Timoteo solo.

TIMOTEO E' sono intanati in casa, ed io me ne andrò al convento. E voi, spettatori, non ci appuntat:. perché in questa notte non ci dormirà persona, sí che gli Atti non sono interrotti dal tempo. Io dirò l'uffizio; Ligurio e Siro ceneranno, ché non hanno mangiato oggi; el dottore andrà di camera in sala, perchè la cucina vadia netta. Callimaco e madonna Lucrezia non dormiranno, perché io so, se io fussi lui e se voi fussi lei, che noí non dormiremmo.

CANZONE
dopo il quarto atto

Oh dolce notte, oh sante
ore notturne e quete,
ch'i disïosi amanti accompagnate;
In voi s'adunan tante
letizie, onde voi siete
sole cagion di far l'alme beate.
Voi, giusti premii date,
all'amorose schiere,
delle lunghe fatiche;
voi fate, o felici ore,
ogni gelato petto arder d'amore!

ATTO QUINTO

SCENA PRIMA

Fra' Timoteo solo.

TIMOTEO Io non ho potuto questa notte chiudere occhio, tanto è el desiderio, che io ho d'intendere come Callimaco e gli altri l'abbino fatta. Ed ho atteso a consumare el tempo in varie cose: io dissi mattutino, lessi una vita de' Santi Padri, andai in chiesa ed accesi una lampana che era spenta, mutai un velo ad una Nostra Donna, che fa miracoli. Quante volte ho io detto a questi frati che la tenghino pulita! E si maravigliano poi se la divozione manca! Io mi ricordo esservi cinquecento immagine, e non ve ne sono oggi venti: questo nasce da noi, che non le abbiàno saputa mantenere la reputazione. Noi vi solavamo ogni sera doppo la compieta andare a processione, e farvi cantare ogni sabato le laude. Botavanci noi sempre quivi, perché vi si vedessi delle imagine fresche; confortavamo nelle confessioni gli uomini e le donne a botarvisi. Ora non si fa nulla di queste cose, e poi ci maravigliamo se le cose vanno fredde! Oh, quanto poco cervello è in questi mia frati! Ma io sento un grande romore da casa messer Nicia. Eccogli, per mia fé! E' cavono fuora el prigione. Io sarò giunto a tempo. Ben si sono indugiati alla sgocciolatura, e' si fa appunto l'alba. Io voglio stare ad udire quel che dicono sanza scoprirmi.

SCENA SECONDA

Messer Nicia, Callimaco, Ligurio, Siro travestiti.

NICIA Piglialo di costà, ed io di qua, e tu, Siro, lo tieni per il pitocco, di drieto.

CALLIMACO Non mi fate male!

LIGURIO Non aver paura, va' pur via.

NICIA Non andiam più là.

LIGURIO Voi dite bene. Lasciallo ire qui. Diangli dua volte, che non sappi donde e' si da venuto. Giralo, Siro!

SIRO Ecco.

NICIA Giralo un'altra volta.

SIRO Ecco fatto.

CALLIMACO El mio liuto!

LIGURIO Via, ribaldo, tira via! S'i' ti sento favellare, io ti taglierò el collo!

NICIA E' s'è fuggito. Andianci a sbisacciare: e vuolsi che noi usciamo fuori tutti a buona ora, acciò che non si paia che noi abbiamo veghiato questa notte.

LIGURIO Voi dite el vero.

NICIA Andate, voi e Siro, a trovar maestro Callimaco, e gli dite che la cosa è proceduta bene.

LIGURIO Che li possiamo noi dire? Noi non sappiamo nulla. Voi sapete che, arrivati in casa, noi ce n'andamo nella volta a bere: voi e la suocera rimanesti alle mani seco, e non vi rivedemo mai se non ora, quando voi ci chiamasti per mandarlo fuora.

NICIA Voi dite el vero. Oh! io vi ho da dire le belle cose! Mogliama era nel letto al buio. Sostrata m'aspettava al fuoco. Io giunsi su con questo garzonaccio, e, perché e' non andassi nulla in cap-peruccia, io lo menai in una dispensa, che io ho in sulla sala, dove era un certo lume annacquato, che gittava un poco d'al-bore, in modo ch'e' non mi poteva vedere in viso.

LIGURIO Saviamente.

NICIA Io lo feci spogliare: e' nicchiava; io me li volsi come un cane, di modo che gli parve mill'anni di avere fuora e panni, e rimase ignudo. Egli è brutto di viso: egli aveva un nasaccio, una bocca torta; ma tu non vedesti mai le piú belle carne: bianco, morbido, pastoso! E dell'altre cose non ne domandate.

LIGURIO E' non è bene ragionarne, che bisognava vederlo tutto.

NICIA Tu vuoi el giambo. Poi che io avevo messo mano in pasta, io ne volsi toccare el fondo: poi volli vedere s'egli era sano: s'egli avessi auto le bolle, dove mi trovavo io? Tu ci metti parole.

LIGURIO Avete ragion voi.

NICIA Come io ebbi veduto che gli era sano, io me lo tirai drieto, ed al buio lo menai in camera, messi al letto; e innanzi mi partissi, volli toccare con mano come la cosa andava, ché io non sono uso ad essermi dato ad intendere lucciole per lanterne.

LIGURIO Con quanta prudenzia avete voi governata questa cosa!

NICIA Tocco e sentito che io ebbi ogni cosa, mi uscii di camera, e serrai l'uscio, e me n'andai alla suocera, che era al fuoco, e tutta notte abbiamo atteso a ragionare.

LIGURIO Che ragionamenti son stati e vostri?

NICIA Della sciocchezza di Lucrezia, e quanto egli era meglio che sanza tanti andirivieni, ella avessi ceduto al primo. Dipoi ragionamo del bambino, che me lo pare tuttavia avere in braccio, el naccherino! Tanto che io sentii sonare le tredici ore; e, dubitando che il dí non sopragiugnessi, me n'andai in camera. Che direte voi, che io non potevo fare levare quel rubaldone?

LIGURIO Credolo!

NICIA E' gli era piaciuto l'unto! Pure, e' si levò, io vi chiamai, e l'abbiamo condutto fuora.

LIGURIO La cosa è ita bene.

NICIA Che dira' tu, che me ne 'ncresce?

LIGURIO Di che?

NICIA Di quel povero giovane, ch'egli abbia a morire sí presto, e che questa notte gli abbia a costar sí cara.

LIGURIO Oh, voi avete e pochi pensieri! Lasciatene la cura a lui.

NICIA Tu di' el vero. Ma mi par bene mille anni di trovare maestro Callimaco, e rallegrarmi seco.

LIGURIO E' sarà fra una ora fuora. Ma egli è già chiaro el giorno: noi ci andreno a spogliare; voi, che farete?

NICIA Andronne anch'io in casa, a mettermi e panni buoni. Farò levare e lavare la donna, farolla venire alla chiesa, ad entrare in santo. Io vorrei che voi e Callimaco fussi là, e che noi parlassimo al frate, per ringraziarlo e ristorallo del bene che ci ha fatto.

LIGURIO Voi dite bene: così si farà.

SCENA TERZA

Fra' Timoteo solo.

TIMOTEO Io ho udito questo ragionamento, e mi è piaciuto tutto, considerando quanta sciocchezza sia in questo dottore; ma la conclusione utima mi ha sopra modo dilettato. E poiché debbono venire a trovarmi a casa, io non voglio star piú qui, ma aspettargli alla chiesa, dove la mia mercanzia varrà piú. Ma chi esce di quella casa? E' mi pare Ligurio, e con lui debbe essere Callimaco. Io non voglio che mi vegghino, per le ragione dette: pur, quando e' non venissino a trovarmi, sempre sarò a tempo ad andare a trovare loro.

SCENA QUARTA

Callimaco, Ligurio.

CALLIMACO Come io ti ho detto, Ligurio mio, io stetti di mala
voglia infino alle nove ore; e, benché io avessi grande piacere,
e' non mi parve buono. Ma, poi che io me le fu' dato a conoscere, e ch'io l'ebbi dato ad intendere l'amore che io le portavo,
e quanto facilmente per la semplicità del marito, noi potavàno
vivere felici sanza infamia alcuna, promettendole che, qualunque volta Dio facessi altro di lui, di prenderla per donna; ed
avendo ella, oltre alle vere ragioni, gustato che differenzia è
dalla iacitura mia a quella di Nicia, e da e baci d'uno amante
giovane a quelli d'uno marito vecchio, doppo qualche sospiro,
disse: — Poiché l'astuzia tua, la sciocchezza del mio marito, la
semplicità di mia madre e la tristizia del mio confessoro mi
hanno condutto a fare quello che mai per me medesima arei
fatto, io voglio iudicare che venga da una celeste disposizione,
che abbi voluto così, e non sono sufficiente a recusare quello
che 'l Cielo vuole che io accetti. Però, io ti prendo per signore,
patrone, guida: tu mio padre, tu mio defensore, e tu voglio che
sia ogni mio bene; e quel che 'l mio marito ha voluto per una
sera, voglio ch'egli abbia sempre. Fara'ti adunque suo compare,
e verrai questa mattina alla chiesa, e di quivi ne verrai a desinare
con esso noi; e l'andare e lo stare starà a te, e potreno ad ogni
ora e sanza sospetto convenire insieme. Io fui, udendo queste
parole, per morirmi per la dolcezza. Non potetti rispondere a la
minima parte di quello che io arei desiderato. Tanto che io mi
truovo el piú felice e contento uomo che fussi mai nel mondo;
e, se questa felicità non mi mancassi o per morte o per tempo,
io sarei piú beato ch'e beati, piú santo ch'e santi.
LIGURIO Io ho gran piacere d'ogni tuo bene, ed ètti intervenuto
quello che io ti dissi appunto. Ma che facciamo noi ora?

CALLIMACO Andiàno verso la chiesa, perché io le promissi d'essere là, dove la verrà lei, la madre ed il dottore.

LIGURIO Io sento toccare l'uscio suo: le sono esse, che escono fuora, ed hanno el dottore drieto.

CALLIMACO Avviànci in chiesa, e là aspettereno.

SCENA QUINTA

Messer Nicia, Lucrezia, Sostrata.

NICIA Lucrezia, io credo che sia bene fare le cose con ti more di Dio, e non alla pazzeresca.

LUCREZIA Che s'ha egli a fare, ora?

NICIA Guarda come la risponde! La pare un gallo!

SOSTRATA Non ve ne maravigliate: ella è un poco alterata.

LUCREZIA Che volete voi dire?

NICIA Dico che gli è bene che io vadia innanzi a parlare al frate, e dirli che ti si facci incontro in sullo uscio della chiesa, per menarti in santo, perché gli è proprio, stamani, come se tu rinascessi.

LUCREZIA Che non andate?

NICIA Tu se' stamani molto ardita! Ella pareva iersera mezza morta.

LUCREZIA Egli è la grazia vostra!

SOSTRATA Andate a trovare el frate. Ma e' non bisogna, egli è fuora di chiesa.

NICIA Voi dite el vero.

SCENA SESTA

Fra' Timoteo, messer Nicia, Lucrezia, Callimaco, Ligurio, Sostrata.

TIMOTEO Io vengo fuora, perché Callimaco e Ligurio m'hanno detto che el dottore e le donne vengono alla chiesa. Eccole.

NICIA *Bona dies*, padre!

TIMOTEO Voi sete le ben venute, e buon pro vi faccia, madonna, che Dio vi dia a fare un bel figliuolo maschio!

LUCREZIA Dio el voglia!

TIMOTEO E' lo vorrà in ogni modo.

NICIA Veggh'io in chiesa Ligurio e maestro Callimaco?

TIMOTEO Messer sí.

NICIA Accennateli .

TIMOTEO Venite!

CALLIMACO Dio vi salvi!

NICIA Maestro, toccate la mano qui alla donna mia.

CALLIMACO Volentieri.

NICIA Lucrezia, costui è quello che sarà cagione che noi aremo uno bastone che sostenga la nostra vecchiezza.

LUCREZIA Io l'ho molto caro, e vuolsi che sia nostro compare.

NICIA Or benedetta sia tu! E voglio che lui e Ligurio venghino stamani a desinare con esso noi.

LUCREZIA In ogni modo.

NICIA E vo' dar loro la chiave della camera terrena d'in su la loggia, perché possino tornarsi quivi a loro comodità, che non hanno donne in casa, e stanno come bestie.

CALLIMACO Io l'accetto, per usarla quando mi accaggia.

TIMOTEO Io ho avere e danari per la limosina?

NICIA Ben sapete come, *domine*, oggi vi si manderanno.

LIGURIO Di Siro non è uomo che si ricordi?

NICIA Chiegga, ciò che io ho è suo. Tu, Lucrezia, quanti grossi hai a dare al frate, per entrare in santo?

LUCREZIA Dategliene dieci.

NICIA Affogaggine!

TIMOTEO E voi, madonna Sostrata, avete, secondo che mi pare, messo un tallo in sul vecchio.

SOSTRATA Chi non sarebbe allegra?

TIMOTEO Andianne tutti in chiesa, e quivi direno l'orazione ordinaria; dipoi, doppo l'uficio, ne andrete a desinare a vostra posta. Voi, aspettatori, non aspettate che noi usciàno piú fuora: l'uficio è lungo, io mi rimarrò in chiesa, e loro, per l'uscio del fianco, se n'andranno a casa. Valète!

- Fine -

Printed in Great Britain
by Amazon